I0797640

Gemas orgánicas

Grace Hansen

Abdo Kids Jumbo es una subdivisión de Abdo Kids
abdobooks.com

abdobooks.com

Published by Abdo Kids, a division of ABDO, P.O. Box 398166, Minneapolis, Minnesota 55439.

Abdo Kids Jumbo™ is a trademark and logo of Abdo Kids.

Printed in the United States of America, North Mankato, Minnesota.

102019

012020

Spanish Translator: Maria Puchol

Photo Credits: Alamy, Depositphotos Enterprise, iStock, Shutterstock

Production Contributors: Teddy Borth, Jennie Forsberg, Grace Hansen
Design Contributors: Dorothy Toth, Pakou Moua

Library of Congress Control Number: 2019944042

Publisher's Cataloging-in-Publication Data

Names: Hansen, Grace, author.

Title: Gemas orgánicas/ by Grace Hansen

Other title: Organic Gems. Spanish

Description: Minneapolis, Minnesota : Abdo Kids, 2020. | Series: ¡Súper geología!

Identifiers: ISBN 9781098200992 (lib.bdg.) | ISBN 9781098201975 (ebook)

Subjects: LCSH: Gems--Juvenile literature. | Precious stones--Juvenile literature. | Rocks--Identification--Juvenile literature. | Geology--Juvenile literature. | Spanish language materials--Juvenile literature.

Classification: DDC 553.8--dc23

Contenido

Gemas orgánicas

Todas las gemas tienen tres cosas en común. Son fuertes, raras y bellas.

Las gemas orgánicas son diferentes de las gemas cristalinas. También se les llama gemas vivientes, ya que se formaron a partir de organismos vivos o que vivieron alguna vez.

Las gemas orgánicas se pueden formar en tierra o en mar.

Gemas orgánicas de mar

Las perlas se forman en el mar. Una perla se forma dentro de un **molusco**, como las ostras.

Cuando una pequeña partícula entra en una ostra, la ostra cubre la partícula de unas capas brillantes. Este material brillante se llama **nácar**. La preciosa perla se forma de la acumulación de esas capas.

El coral también se forma en el mar. El coral puede parecer una planta, pero es un animal vivo. Este animal tiene un esqueleto que cuando muere queda en desuso.

El esqueleto del coral es lo suficientemente blando para ser tallado y hacer formas bonitas. Luego se abrillanta para hacer joyas.

Gemas orgánicas de tierra

Algunas gemas orgánicas se crearon a partir de plantas **ancestrales**. ¡De ahí que también se consideren **fósiles**! El ámbar se creó de la resina de pinos antiguos.

El azabache es madera descompuesta bajo mucha presión. Esta madera proviene de árboles que tienen millones de años. ¡Probablemente los dinosaurios comieron hojas de estos árboles!

Gemas orgánicas comunes

Glosario

ancestral – muy antiguo, viejo.

fósil – huella o restos de un organismo vegetal o animal de tiempos ancestrales.

molusco – animal perteneciente al grupo de invertebrados. La mayoría vive en océanos y tiene el cuerpo blando cubierto de una concha. Las almejas, las ostras y los caracoles son ejemplos de moluscos.

nácar – materia dura, con reflejos iridiscentes, que forma la capa interna de algunas conchas, como la de la ostra. También se llama madreperla.

Índice

¡Visita nuestra página **abdokids.com** para tener acceso a juegos, manualidades, videos y mucho más!

Usa este código Abdo Kids

GOK5601

¡o escanea este código QR!